Vente des Vendredi 10 et Samedi 11 Février 1882

À DEUX HEURES,

HÔTEL DROUOT, SALLE N° 2.

TABLEAUX

MODERNES ET ANCIENS

DESSINS ET AQUARELLES

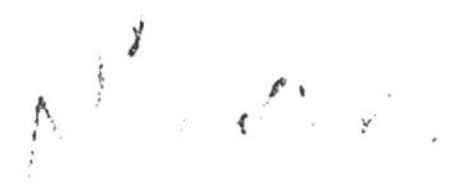

EXPOSITION PUBLIQUE

LE JEUDI 9 FÉVRIER 1882

de une heure à cinq heures

COMMISSAIRE-PRISEUR

Me PAUL CHEVALLIER, Succr de Me CHARLES PILLET

10, RUE DE LA GRANGE-BATELIÈRE

EXPERT

M. E. FERAL, 54, faubourg Montmartre

CATALOGUE

DE

TABLEAUX

ET

DESSINS DE L'ÉCOLE MODERNE

ŒUVRES DE

DIAZ, J.-F. MILLET, TH. ROUSSEAU, ETC., ETC.

*Formant la Collection de M. R****

TABLEAUX ANCIENS ET MODERNES

AQUARELLES ET DESSINS

*Dépendant de la Collection de M. X****

ŒUVRE IMPORTANTE DE G. KOLLER (DE BRUXELLES)

DONT LA VENTE

AURA LIEU HOTEL DROUOT, SALLE N° 2

Les Vendredi 10 et Samedi 11 Février 1882

à deux heures.

COMMISSAIRE-PRISEUR

M° PAUL CHEVALLIER, Succ^r de Me CHARLES PILLET

10, RUE DE LA GRANGE-BATELIÈRE, 10

Expert : M. E. FÉRAL, 54, faubourg Montmartre

Chez lesquels se trouve le présent Catalogue.

Exposition publique : le Jeudi 9 Février 1882

De 1 heure à 5 heures

CONDITIONS DE LA VENTE

La vente sera faite au comptant.

Les adjudicataires payeront *cinq pour cent* en sus des enchères.

Paris. — Typ. Pillet et Dumoulin, 5, rue des Grands-Augustins.

DÉSIGNATION

TABLEAUX MODERNES

COIGNARD

1 — Village.

Etude.

DECAMPS (attribué à)

2 — Paysan breton.

DIAZ (N.)

3 — Femmes turques.

Elles sont assises au pied de grands arbres, au bord d'un cours d'eau, deux chiens sont auprès d'elles.

DIAZ (N.)

4 — Baigneuse.

DIAZ (N.)

5 — Ascension des âmes.

Esquisse en grisaille.

LAMBINET

6 — Pêcheurs à la ligne, au bord d'un étang.

LONGUET

7 — Baigneuse, au bord d'un cours d'eau.

LOTTIER (LOUIS)

8 — Vaisseau sur la plage.

MILLET (J.-F.)

9 — Portrait d'enfant.

En buste, les cheveux blonds, vêtement gris, col rabattu.

MILLET (J.-F.)

10 — Femme qui lave du linge.

Petite esquisse.

RICHARD (ANTONIN)

11 — Animaux dans un bois.

RICHARD (ANTONIN)

12 — Sentier dans la forêt.

ROUSSEAU (TH.)

13 — Paysage traversé par une rivière.

Ciel nuageux. — Soleil couchant.

ROUSSEAU (TH.)

14 — Paysage.

Effet de soleil couchant.

ROUSSEAU (TH.)

15 — Rochers et arbres, au bord d'un étang.

ROUSSEAU (TH.)

16 — Paysage avec chaumière.

Etude.

ROUSSEAU (TH.)

17 — Les bords d'une rivière

Etude.

ROUSSEAU (TH.)

18 — Vue des Pyrénées.

Etude.

ROUSSEAU (TH.)

19 — Arbres et plantes en fleurs.

Etude.

ROUSSEAU (TH.)

20 — Combat de cavaliers dans une vallée.

Ebauche.

ROUSSEAU (TH.)

21 — Animaux au repos.

Ebauche.

ROUSSEAU (TH.)

22 — Marine et bateau à voile.

Etude de la première manière.

ROUSSEAU (TH.)

23 — Les bords de la Seine et le parc de Saint-Cloud.

Etude de la première manière.

ROUSSEAU (TH.)

24 — Ane et moutons au repos.

Etude d'après Karel du Jardin.

ROUSSEAU (TH.)

25 — Paysage accidenté.

Etude sur papier.

ROUSSEAU (TH.)

26 — Torrent près Royat.

Etude faite en 1830.

ROUSSEAU (TH.)

27 — Femmes de pêcheurs.

Etude faite à Granville, en 1831.

ROUSSEAU (TH.)

28 — Montagnes des Alpes.

Etude faite en 1834.

ROUSSEAU (TH.)

29 — Dix études de paysage.

Première manière de l'artiste.
Ce lot sera divisé.

ROUSSEAU (TH.)

30 — L'Artiste à l'âge de 22 ans.

Il est en costume de voyage, son sac de peintre sur le dos.

ROUSSEAU (TH.)

31 — Portrait d'un vieux grognard.

ROUSSEAU (TH.)

32 — La Pipe et l'encrier de l'artiste.

ROUSSEAU (TH.)

33 — Portrait d'un de ses élèves.

DESSINS ET AQUARELLES

BREMOND (JEAN-FRANÇOIS)

34 — Idylle.

Pastel.

DAUMIER (HENRI)

35 — Les deux avocats.

Belle aquarelle gouachée.
Signée en toutes lettres.

DU BOIS (THÉODORE)

36 — Falaises par un temps d'orage.

Dessin au fusain.

DUPRÉ (JULES)

37 — Paysage.

Croquis à la plume.

FLERS (CAMILLE)

38 — Maisons de pêcheurs, à Dieppe.

Fusain et pastel.

FLERS (CAMILLE)

39 — Pâturage, à Lamailleray.

Crayon noir rehaussé. Dessin en feuille.

JACQUE (CHARLES)

40 — Le Tonnelier.

Dessin au crayon noir.

JACQUE (CHARLES)

41 — Paysage par un temps de pluie.

Dessin au fusain.

JACQUE (CHARLES)

42 — Les petits pêcheurs de grenouilles.

Aquarelle.

JACQUE (CHARLES)

43 — Gardeur de porcs.

Aquarelle.

JACQUE (CHARLES)

44 — Berger gardant des moutons.

Crayon noir sur papier bleu.

JACQUE (CHARLES)

45 — La plaine de Barbizon.

Aquarelle.

JACQUE (CHARLES)

46 — Troupeau de porcs, sur la lisière d'un bois.

Plume et sépia.
Signé.

JACQUE (CHARLES)

47 — Dix dessins en feuille.

Paysages et animaux.
Ce lot sera divisé.

JEANRON

48 — Trois dessins en feuille.

LANOUE (H.)

49 — Paysage d'Orient.

Effet de soleil couchant.
Pastel.

MICHEL (GEORGES)

50 — Les moulins de Montmartre.

Jolie aquarelle.

MICHEL (GEORGES)

51 — Paysage. — Vue prise dans la plaine St-Denis.

Crayon noir rehaussé de blanc à la gouache.

MICHEL (GEORGES)

52 — Dix-huit dessins ou aquarelles, en feuille, très remarquables.

Ce lot sera divisé.

MILLET (J.-F.)

53 — Portrait de l'artiste.

En buste, de profil, tourné vers la droite ; coiffé d'un bonnet qui lui cache les oreilles.

Beau et curieux dessin au fusain.

MILLET (J.-F.)

54 — Les porteuses d'herbes.

Aquarelle.

MILLET (J.-F.)

55 — Paysanne debout, le bras gauche appuye sur un seau posé au bord d'un puits.

Beau dessin au crayon noir.

Signé en toutes lettres.

MILLET (J.-F.)

56 — Bergère adossée à un arbre et s'appuyant sur un bâton.

Beau dessin, au crayon noir, reproduit dans l'ouvrage de M. Alfred Sensier : La Vie et l'Œuvre de J.-F. Millet.

MILLET (J.-F.)

57 — Paysanne portant un seau et se disposant à fermer la porte de sa maison.

Beau dessin au crayon noir, rehaussé de blanc à la gouache.

MILLET (J.-F.)

58 — Moissonneuse debout marchant vers la droite.

Crayon noir.

MILLET (J.-F.)

59 — Le Christ à la colonne.

Belle étude, au crayon noir.

MILLET (J.-F.)

60 — Moissonneur au repos.

Crayon noir.

MILLET (J.-F.)

61 — Femme nue couchée sur un lit.

Beau dessin, estompe et crayon noir.

MILLET (J.-F.)

62 — Figure de la République.

Fusain et aquarelle.

MILLET (J.-F.)

63 — Le bon Samaritain.

Crayon noir et estompe.

MILLET (J.-F.)

64 — Terrassier piochant.

Fusain légèrement gouaché.

MILLET (J.-F.)

65 — Femme nue couchée, vue de dos.

Mine de plomb.

MILLET (J.-F.)

66 — Les Glaneuses.

Crayon noir.

MILLET (J.-F.)

67 — Paysanne agenouillée, tenant une cruche.

Crayon noir, sur papier gris.

MILLET (J.-F.)

68 — Pâtre avec son enfant sur ses genoux.

Fusain.

MILLET (J.-F.)

69 — Berger appuyé sur son bâton et troupeau de moutons au second plan.

Aquarelle.

MILLET (J.-F.)

(DEUX PENDANTS)

70 — Vue d'un village.

Maison sur un coteau.

Deux dessins, à la plume.

MILLET (J.-F.)

71 — Dix Dessins en feuille.

Etudes de figures et paysages pour ses tableaux.

Ce lot sera divisé.

MILLET (JEAN-BAPTISTE)

(DEUX DESSINS)

72 — Les Bords d'une rivière.

Crayon noir.

Un Jardin à Barbizon.

A la plume.

ROUSSEAU (TH.)

73 — Village dominant la plaine.

Très jolie aquarelle de l'exécution la plus spirituelle.

ROUSSEAU (TH.)

74 — Entrée de village.

Jolie aquarelle.

ROUSSEAU (TH.)

75 — Arbres au bord d'un ruisseau

Jolie aquarelle.

ROUSSEAU (TH.)

76 — Voiture passant sur un pont.

Jolie aquarelle.

ROUSSEAU (TH.

77 — Clairière dans la forêt.

Aquarelle.

ROUSSEAU (TH.)

78 — Sentier dans la forêt.

Effet de neige.
Plume, mine de plomb et aquarelle

ROUSSEAU (TH.)

79 — Arbres et rochers.

Aquarelle.

ROUSSEAU (TH.)

80 — Arbres et bruyères.

Forêt de Fontainebleau.
Plume et aquarelle.

ROUSSEAU (TH.)

81 — Bruyères et arbrisseaux.

Plume et aquarelle.

ROUSSEAU (TH.)

82 — Intérieur rustique où se trouvent deux paysannes, l'une se chauffant devant une cheminée, l'autre faisant tourner un rouet.

Aquarelle.

ROUSSEAU (TH.)

83 — Femme âgée assise dans un fauteuil.

Aquarelle.

ROUSSEAU (TH.)

84 — Vue prise aux environs de Paris.

Aquarelle.

ROUSSEAU (TH.)

85 — Arbres au bord d'une mare.

A la plume.

ROUSSEAU (TH.)

86 — Paysage boisé.

Mine de plomb.

ROUSSEAU (TH.)

87 — Chaumière au bord d'une mare.

A la plume.

ROUSSEAU (TH.)

88 — Paysage avec berger et animaux.

Dessin à la plume.

ROUSSEAU (TH.)

89 — Paysage coupé par un cours d'eau et petit pont au centre.

A la plume.

ROUSSEAU (TH.)

90 — Loup mort.

Estompe et crayon noir.

ROUSSEAU (TH.)

91 — Lisière d'un bois.

A la plume.

ROUSSEAU (TH.)

92 — Chemin dans la forêt de Fontainebleau.

A la plume.

ROUSSEAU (TH.)

93 — Cours d'eau traversant un village.
Chemin dans un bois.

Deux dessins à la mine de plomb, sous le même verre.

ROUSSEAU (TH.)

94 — Entrée de forêt.

Effet de neige.
Mine de plomb.

ROUSSEAU (TH.)

95 — Étude d'arbres.

Crayon et estompe.

ROUSSEAU (TH.)

96 — Sept dessins.

Vues prises dans la forêt de Fontainebleau.
Plages, rochers et chutes d'eau.

97 — Sous ce numéro, cinq eaux-fortes de Millet :

Les deux Piocheurs.

Le Départ pour le travail.

La Couseuse.

Bergère assise.

Femme remplissant ses cruches.

PRUD'HON (P.-P.)

98 — Portrait de l'artiste, peint par lui-même.

Jolie miniature.

99 — Sous ce numéro, un petit cabinet en ébène, avec peintures dans l'intérieur.

DÉSIGNATION

TABLEAUX MODERNES

BAKALOWIEZ

100 — Le Billet.

BERG

(DEUX PENDANTS)

101 — Paysage et Animaux.

— Paysage.

Effet de clair de lune; des bohémiens préparent leur repas.

CHAIGNEAU (FERDINAND)

102 — Moutons dans un paysage.

Soleil couchant.

CLAUDOT

103 — La Campagne de Rome.

L'artiste a mis au premier plan quatre personnages figurant les quatre Ages.

COROT

104 — Soleil couchant.

Petite étude.

DAUBIGNY

105 — La Ferme.

DUPRÉ (JULES)

106 — Au bord d'un cours d'eau.

DUPRÉ (VICTOR)

107 — Le petit Berger.

FRAGONARD (THÉOPHILE)

108 — La gamme d'amour.

Signé.

HAANEM (REMY VAN)

109 — Paysage ; effet de clair de lune.

KOLLER (GUILLAUME) DE BRUXELLES

110 — Faust et Marguerite.

L'artiste les a représentés debout : au premier plan, Faust donne la main à la jeune fille ; au second plan, on aperçoit Méphistophélès qui s'éloigne, donnant le bras à Marthe. Vers le fond, les tourelles et les maisons de la ville éclairées par le soleil couchant.

Superbe tableau et une des œuvres les plus remarquables de l'artiste.

LENFANT DE METZ

111 — La Moisson.

Signé.

LEPOITTEVIN

112 — Marine; effet de clair de lune.

Peinture à l'huile, sous verre.

PAAL (L. DE)

113 — Paysage.

Étude provenant de la vente après le décès de l'artiste.

PAAL (L. DE)

114 — Rochers sous bois.

Forêt de Fontainebleau.

PREVAL (JULES)

115 — Un Gentilhomme.

RIDARZ

116 — Paysage coupé par un cours d'eau.

Au centre, un homme sur un bateau.

SAIN (PAUL-JEAN-MARIE)

117 — Plage à marée basse.

Étude signée en toutes lettres et datée 1880.

TROYON

118 — Le Sentier.

Une femme chemine au centre, à l'ombre de grands arbres.

Tableau de la première manière de l'artiste.

TABLEAUX ANCIENS

ÉCOLE FRANÇAISE

118 bis — Quatre dessus de portes.

Sujets mythologiques.

Femmes et amours.

118 ter — Trois dessus de portes.

Jeux d'enfants.

Grisailles.

ALBANE (genre de l')

119 — Vénus et des Amours.

BEUKELAAR (JOACHIM)

120 — Fête villageoise.

Fin petit tableau animé par de nombreux personnages.

Signé.

BOILLY (L.)

121 — Jeune femme en costume du Directoire.

BOILLY (genre de L.)

122 — Une espièglerie.

BOONEN (ARNOLD)

123 — Cérès à la recherche de Proserpine.

Signé en toutes lettres.

BREUGHEL (PIERRE)

124 — Le Mardi gras, en Hollande.

Des villageois devant leurs maisons dépècent un porc.

Bon et curieux tableau.

BREUGHEL (JEAN DE VELOURS)

125 — L'entrée des animaux dans l'Arche.

Bon tableau, sur cuivre.

CHARLET

126 — Jeune Paysanne causant avec un soldat.

DE TROY (J.-F.)

127 — Le Mariage du duc de Bourgogne et de Marie-Adélaïde de Savoie.

Esquisse.

DUPLESSIS

128 — Foire de Village.

Bon tableau avec nombreux personnages et animaux.

EISEN (CHARLES)

129 — La Partie de volant.

EVERDINGEN

130 — Site norvégien.

Sur la gauche, une construction en partie cachée par des arbres ; à droite, un cours d'eau entre des rochers.

Bon tableau, signé en toutes lettres

FALKENBURG

131 — Château fort avec tourelles, entouré d'eau.

Au premier plan, des figures finement peintes. Daté 1639.

FERG (PAUL)

(DEUX PENDANTS)

132 — Paysages avec nombreux personnages.

GERARD (LE BARON F.)

133 — Le Roi Louis-Philippe et la reine Marie-Amélie dans le parc de Neuilly.

Esquisse.

GRAF (JEAN)

134 — Port de mer avec nombreux personnages.

HEDA

135 — Nature morte.

Un jambon entamé, des verres, une assiette, un pain, un couteau, etc., le tout posé sur une table en partie couverte d'un tapis vert.

Signé et daté 1656.

HOFFEN (N. VAN)

136 — Vertumne et Pomone.

Peinture sur cuivre.

Signée du monogramme.

HUET (JEAN-BAPTISTE)

137 — Paysage avec figures et animaux.

HUYSUM (J. VAN)

138 — Fleurs.

Des roses et autres fleurs dans un vase posé sur une table de marbre auprès d'un nid d'oiseaux. Très bon tableau, signé en toutes lettres.

KENELLER

139 — Portrait de jeune femme vêtue d'une robe bleue.

LACROIX

140 — Paysage avec rochers et chute d'eau.

LACROIX

141 — Naufrage.

LALLEMAND

142 — Monuments en ruine avec personnages au premier plan.

Très bon tableau, digne du pinceau de Hubert Robert.

LANTARA et DEMARNE

143 — Paysage.

Vue prise au bord de la Seine.

Au premier plan, une femme monte sur un âne; des vaches et des chèvres, par De Marne.

LAWREINCE (attribué à)

144 — La promenade dans le parc.

Esquisse.

LECLERC (SEBASTIEN) dit des Gobelins.

145 — Des amours au pied d'un monument destiné à Watteau, si l'on en juge par l'inscription qui s'y trouve.

Gracieux petit panneau décoratif, d'une remarquable finesse.

LE PRINCE (J.-B.)

146 — Dames et cavaliers partant pour la chasse.

LERICHE

147 — Fleurs dans une corbeille.

LEYDEN (Attribué à LUCAS DE)

148 — La Vierge et l'Enfant Jésus entourés de saints personnages.

NEER (A. VAN DER)

149 — Entrée de village.

Effet de clair de lune. Sur la gauche, des villageois causent avec une femme qui tient une lumière.

OMMEGANCK (Attribué à B.-P.)

150 — L'Abreuvoir.

Des moutons se désaltèrent dans un cours d'eau au pied d'une colline ; au second plan, un berger et une femme montée sur un âne.

OMMEGANCK (Attribué à B. P.)

151 — Moutons au repos.

Sur la droite, le berger étendu sur le sol, dort à l'ombre de quelques arbres.

Effet de soleil couchant.

OUDRY (Attribué à)

152 — Oiseaux au bord d'une mare.

PALAMÈDES

153 — Intérieur hollandais.

PLATZER (J.-B.)

154 — Le concert.

Un jeune homme et une jeune femme chantent ou font de la musique.

Fin petit tableau, remarquable de finesse.

Signé.

POEL (VAN DER)

155 — Un incendie.

RAPHAEL (d'après)

156 — La Vierge, l'Enfant Jésus et saint Jean.

Ce petit tableau, qui est dans un superbe cadre en bois sculpté, provient d'un château ayant appartenu au cardinal Mazarin.

RIGAUD (HYACINTHE)

157 — Le maréchal de Villeroy.

ROTTENHAMER

158 — Adam et Ève.

Peinture sur cuivre.

RUYSDAEL (SALOMON)

159 — Tours et remparts, au bord de la Meuse.

Au premier plan, des pêcheurs dans un bateau. Signé en toutes lettres.

SCHMIDT (M.-I.)

160 — Une Pythonisse.

SOOLMAKER (I.-F.)

161 — L'Abreuvoir.

Des bergers ont conduit leurs bestiaux au bord d'une fontaine, auprès de constructions en ruine où une femme lave du linge.

TAUNAY

162 — Vue de Rio-Janeiro.

Au premier plan, des figures et animaux.

UCHTERVELT (JACQUES)

163 — La convalescence.

Provenant de la galerie du prince de Licktenstein.

WATTEAU (FRANÇOIS) de Lille.

164 — Jeune garçon jouant de la flûte.

Signé.

ÉCOLE FLAMANDE (XVIe siècle).

165 — La Vierge, l'Enfant Jésus et saint Jean.

Les figures sont sous un portique.

ÉCOLE FRANÇAISE

166 — Tête d'homme.

Étude.

ECOLE HOLLANDAISE

167 — Pyrame et Thisbé.

ÉCOLE ITALIENNE

168 — Saint François.

Toile ovale, dans un cadre sculpté.

AQUARELLES ET DESSINS

BERTALL

169 — Officier à cheval.

Aquarelle signée.

BLANCHARD (JACQUES)

170 — Portrait de l'artiste.

Encre de Chine.

BLANCHARD

171 — Paysanne espagnole.

Sépia.

BOUCHER (FRANÇOIS)

172 — Paysanne et ses enfants, dans un paysage.

Crayon noir et estompe.

BOUGHER (genre de)

173 — Enfant endormi.

Sanguine.

CHARLET (1822)

174 — La sortie du cabaret.

Aquarelle.

COLIGNON

175 — La Cène, d'après Paul Véronèse.

Encre de Chine.

COROT

176 — La charrette de foin.

Joli dessin, à l'encre de Chine. — Signé.

COROT (Attribué à)

177 — Les étangs de Ville-d'Avray.

Crayon noir et Estompe.

CORTAZZO

178 — Fête au petit Trianon.

Effet de neige.
Aquarelle.

DAUZAT

179 — Une porte, à Séville.

Aquarelle.

DE MARNE (LOUIS)

180 — Animaux au repos, dans un paysage.

Encre de Chine

DE MARNE (genre de L.)

181 — Villageois et animaux, près d'une chaumière.

Encre de Chine.

DESBOUTIN (M.)

182 — Une mère et son enfant.

Eau forte terminée à l'encre de Chine.

DESHAY (EUGENE)

183 — Au bord de la Seine. Soleil couchant.

Aquarelle.

DESHAY (EUGENE)

184 — Plage normande.

Aquarelle.

DESHAY (EUGENE)

185 — Maison normande.

Aquarelle.

DESRAY

186 — Louis XVI et Marie-Antoinette

Deux aquarelles.

DIAZ (N.)

187 — Le maître d'école.

Jolie petite aquarelle

Signée.

DIAZ (N.)

188 — Léda et Jupiter.

Charmante composition, au pastel.

DIAZ (N.)

189 — Personnages dans un parc.

Aquarelle.

DORÉ (GUSTAVE)

190 — Les nymphes.

Effet de clair de lune.

Encre de Chine et crayon noir, rehaussés de blanc.

FLEURY (1826)

191 — Brigand italien.

Aquarelle.

GUIGNE (AL.)

192 — Les bords de la Seine.

Aquarelle.

HEULLANT (A.)

193 — La chasse aux papillons.

Encre de Chine.

ISABEY (EUGENE)

194 — Plage à marée basse.

Aquarelle.

ISABEY (Attribué à E.)

195 — Combat naval.

Sépia.

LAURENS (JULES)

196 — Arbres renversés.

Crayon noir rehaussé.

LEYDEN (Attribué à LUCAS DE)

197 — L'Enfant prodigue.

Dessin à la plume.

MONOGRAMME B. C. 1677

198 — Le nouveau-né.

Encre de Chine.

MOREAU (attribué à LOUIS)

199 — Paysage avec pêcheurs retirant leurs filets.

Jolie gouache.

OUVRIE (JUSTIN)

200 — Vue de Suisse.

Aquarelle.

PUJOS

201 — Portrait de jeune homme.

Signé et daté 1773.
Pierre d'Italie.

RAFFET

202 — Combat naval.

Fine aquarelle.

REGNAULT (HENRI)

203 — Chevaux traînant un chariot.

Dessin à la mine de plomb.

SAINT-AUBIN (Attribué à AUG.)

204 — Portrait de jeune homme.

Crayon noir et Sanguine.

SAUNIER (OCTAVE)

205 — Canards dans un marais, à Marlotte.

Aquarelle.

STEINER

206 — Plage à marée basse.

Fusain.

VERNET (CARLE)

(DEUX PENDANTS)

207 — Chevaux de trait et rouliers.

Aquarelles.

VERNET (HORACE)

208 — Défense d'une redoute.

Crayon noir.

WATTEAU DE LILLE (LOUIS)

209 — La fête au camp.

Mine de plomb.

210 — Sous ce numéro, environ vingt dessins ou aquarelles.

Ce lot sera divisé.

211 — Sept dessins originaux de Smuglievic, d'après les fresques des bains de Titus, à Rome.

Fines aquarelles, gravées par Carloni.

www.ingramcontent.com/pod-product-compliance
Ingram Content Group UK Ltd.
Pitfield, Milton Keynes, MK11 3LW, UK
UKHW020444180726
13839UKWH00004B/1621

9 782329 538235